Nase vorn!

Mathematik

1

Einstiegsbuch

Erarbeitet von
Anna Harrich-Voßen
Gesa Hochscherff
Uwe Nienhaus
Anna Pöllinger

Illustriert von
Friederike Ablang
Antje Hagemann
Josephine Wolff

Cornelsen

Inhalt

Zahlen bis 10 kennenlernen

Meine Zahlen 4
Zahlen in der Umwelt 5
Der Ziffernschreibkurs 6

Lagebeziehungen

Links und rechts 7
Oben und unten 8
Links, rechts und oben, unten 9

Mengen erfassen

Fingerbilder 10
Gegenstände zählen 11
Mengen auf einen Blick 12
Die Strichliste 13
Das Zehnerfeld 14
Zahlen verschieden darstellen 15

Zahlen vergleichen

Mengen vergleichen 16
Wer hat mehr? 17
Kleiner, größer, gleich 18
Die Zahlenreihe 19
Nachbarzahlen 20
Ordnungszahlen 21

Kombinatorik

Möglichkeiten finden 22
Alle Möglichkeiten - 3 Farben 23
Alle Möglichkeiten - 4 Farben 24

Zahlen zerlegen

Die Schüttelschachtel 25
Zahlen zerlegen 26
Die Zahl 10 zerlegen 27
Das Zahlenhaus 28

Plus und minus

Rechengeschichten 29
Rechengeschichten - Memo 30
Dreibildgeschichten plus 31
Plus rechnen 32
Die Tauschaufgabe 33
Dreibildgeschichten minus 34
Minus rechnen 35
Die Umkehraufgabe 36

Die Zahlenmauer

Die Zahlenmauer 37
Zahlenmauern reparieren 38
Decksteine erforschen 39
Grundsteine erforschen 40
Eigene Zahlenmauern bauen 41

Geometrische Grundformen

Formen kennenlernen 42
Formen untersuchen 43
Formen in der Umwelt 44
Figuren legen und auslegen 45

Zahlen bis 20 kennenlernen

Die Zahlen bis 20 46
Mengen auf einen Blick 47
Das Zwanzigerfeld...................... 48
Zehner und Einer 49
Die Stellenwerttafel 50
Kleiner, größer, gleich................. 51
Die Zahlenreihe,
Nachbarzahlen........................... 52
Die Zwanzigertafel 53
Steckbrief erstellen 54

Symmetrie

Falten und Schneiden (I)............. 55
Falten und schneiden (II) 56
Die Spiegelachse 57
Das Spiegelbild 58

Plus rechnen

Plus rechnen bis 20 59
Riesen und Zwerge 60
Verliebte Zahlen.......................... 61
Aufgaben mit 10 62
Verliebt in die 10 (I) 63
Verliebt in die 10 (II) 64
Aufgaben mit 10 helfen 65
Verdoppeln 66
Verdoppeln hilft 67
Alle Rechenwege 68
Die Plustafel 69

Muster

Muster kennenlernen 70
Bandornamente 71
Parkettierungen.......................... 72
Eigene Muster 73

Minus rechnen

Minus rechnen bis 20 74
Riesen und Zwerge 75
Verliebt in die 10 (I) 76
Verliebt in die 10 (II) 77
Aufgaben mit 10 helfen............. 78
Halbieren 79
Halbieren hilft 80
Alle Rechenwege........................ 81
Die Minustafel............................ 82
Aufgabenfamilien....................... 83

Geld

Unser Geld 84
Münzen und Scheine 85
Geldbeträge bestimmen 86
Geldbeträge vergleichen 87
Geldbeträge verschieden legen ... 88
Einkaufen 89

Zeit

Die Uhr....................................... 90
Ein ganzer Tag............................ 91
Die Uhr lesen (I) 92
Die Uhr lesen (II) 93
Zeitspannen................................ 94

Impressum.................................. 95
Die Köpfe hinter *Nase vorn!*........ 96

Meine Zahlen

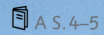 A S. 4–5

1.

2.

Was ist deine Lieblingszahl? Wie hast du sie dargestellt?

Auf eine wertschätzende Atmosphäre beim Museumsrundgang achten. Auf den Museumsrundgang wird nachfolgend mit dem Icon in der Reflexionsphase verwiesen.

Zahlen in der Umwelt

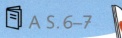 A S. 6–7

1.

2.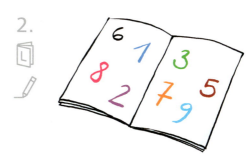

3.

 Welche Zahlen hast du entdeckt? Zu was gehört die Zahl?

Nach Nr. 2 folgt eine Zwischenreflexion: Übersichtliche Dokumentation der Zahlen.

Der Ziffernschreibkurs

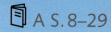 A S. 8–29

1.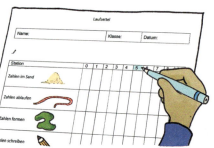

2.

3.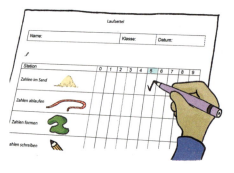

 Welche Zahlen sind dir leicht-/schwergefallen? Warum?

Stationsarbeit: Zahlen mit verschiedenen Materialien schreiben.

Links und rechts

A S. 30–31

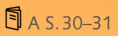

1.
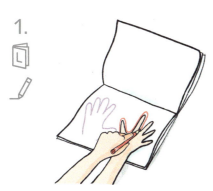

2.
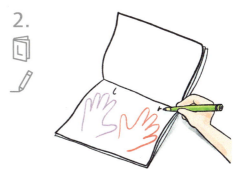

3.
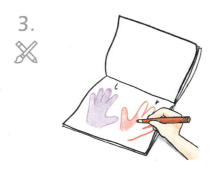

Kannst du die Begriffe rechts/links richtig verwenden?

Lehrperson sagt, welchen Arm/welches Bein die SuS heben/senken/bewegen sollen. Die Bewegung darf nur ausgeführt werden, wenn zuvor das Wort „Kommando" genannt wurde.

Oben und unten

A S. 32

1.

2.

3.
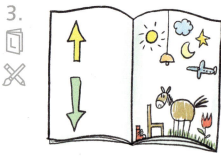

Was hast du oben/unten gemalt?

Links, rechts und oben, unten A S.33

 Kannst du die Begriffe links/rechts und oben/unten sicher verwenden?

Nach dem Vergleichen (3.) werden die Rollen gewechselt.

9

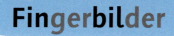

1.

2.

3.

4.

 Welche Anzahl kannst du auf einen Blick erkennen? Warum?

Gegenstände zählen

 A S. 35

1.

2.

 Wurde richtig gezählt? Passen Bild und Zahl zusammen?

11

Mengen auf einen Blick

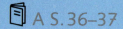
A S. 36–37

 Kannst du die Menge auf einen Blick erkennen?
Wie hast du gelegt?

Nach Nr. 2 folgt eine Zwischenreflexion: Besprechung der verschiedenen Möglichkeiten, eine Menge zu legen.

Die Strichliste

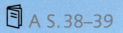 A S. 38–39

1.

2.

 Richtig gezählt?

Umfragen in der Klasse durchführen und Antworten mithilfe der Strichliste zählen.

Das Zehnerfeld

A S. 40–41

das Zwanzigerfeld
das Zehnerfeld
der Zehner
der Fünfer

1.

2.

3.

Kannst du die Menge auf einen Blick erkennen?
Wie hast du gelegt?

Nach Nr. 2 folgt eine Zwischenreflexion: Besprechung der verschiedenen Möglichkeiten, eine Menge zu legen.

Zahlen verschieden darstellen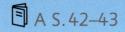

Diese Menge können wir auf 4 verschiedene Weisen darstellen.

das Mengenbild
die Ziffer

1.

2.

3.

Wir tauschen und kontrollieren.

Passen alle 4 Darstellungen zusammen?

Nach Nr. 2 folgt eine Zwischenreflexion: Hinführung zur gegenseitigen Kontrolle des Quartetts.

Mengen vergleichen

A S. 44–45

1.

2.

3.

4.

 Wurde richtig verglichen und eingekreist?

Nach Nr.2 folgt eine Zwischenreflexion: Übertragen auf ikonische Ebene.

Wer hat mehr?

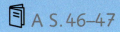 A S. 46–47

Wer hat gewonnen? Woran kannst du das erkennen?

Nach Nr. 3 folgt eine Zwischenreflexion: Spielstand auf Spielbogen festhalten.

17

Kleiner, größer, gleich

A S. 48–49

1.

2.

3.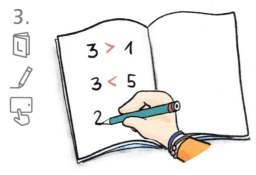

 Wurden die Zeichen <, > und = richtig verwendet?

Die Zahlenreihe

1.

2.

3.

Wie bestimmst du fehlende Zahlen?

Nachbarzahlen

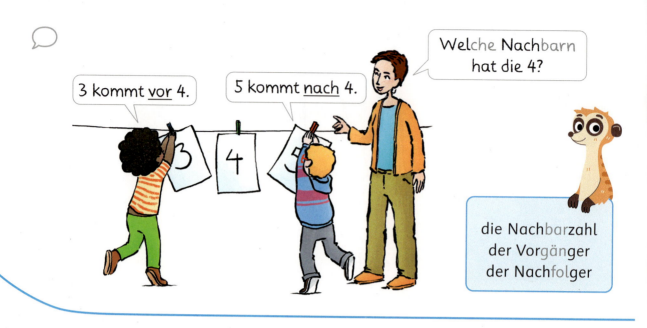

1.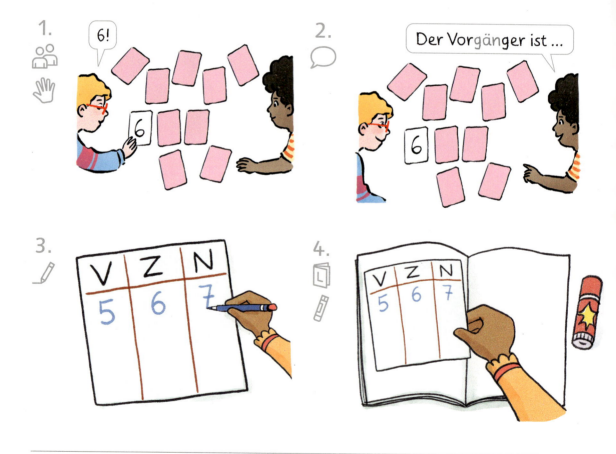

Kannst du die Nachbarn einer Zahl sicher benennen?

20

Ordnungszahlen

 Wer ist beim Spiel 1., 2., 3., 4. geworden?

Möglichkeiten finden

die Möglichkeit

1.

2.

 Welche Möglichkeiten habt ihr gefunden?

22 Ziel ist es, die Schwierigkeiten einer strukturierten Vorgehensweise aufzuzeigen. Es müssen noch nicht alle Lösungen gefunden werden.

Alle Möglichkeiten - 3 Farben

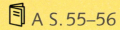 A S. 55–56

die Anordnung
anordnen

1.

2.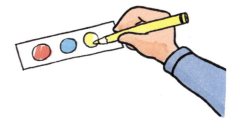

3.

Alle Möglichkeiten?

4.

 Wie können wir alle Möglichkeiten finden?

23

Alle Möglichkeiten – 4 Farben

1.

2.

3.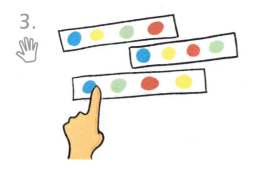

4.

 Welche Möglichkeiten gibt es?

Die Schüttelschachtel

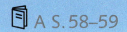 A S. 58–59

die Schüttelschachtel
die Anzahl

Was verändert sich durch das Schütteln der Schachtel?

Zahlen zerlegen

A S. 60–61

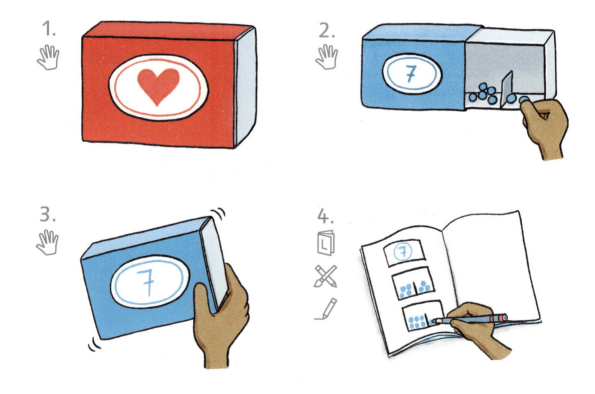

Welche Zerlegungen hast du gefunden? Wie viel ist der linke Teil, wie viel der rechte? Wie viel das Ganze?

26

Die Zahl 10 zerlegen

 A S. 62

1.

2.

3.

Habe ich alle gefunden?

4.

 Hast du alle Zerlegungen gefunden? Hast du eine Strategie?

27

Das Zahlenhaus

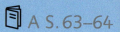

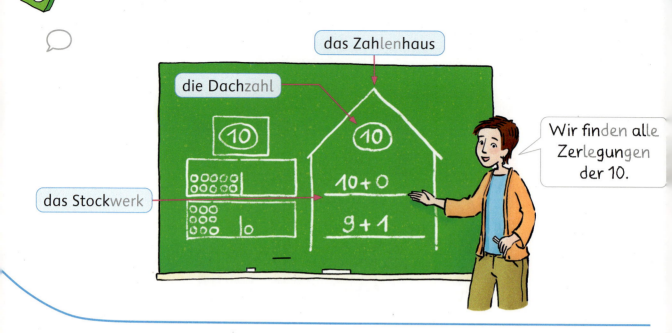

Wie hängen die Dachzahl und die Anzahl der Stockwerke zusammen?

Rechengeschichten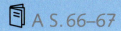

 Passen Bild und Aufgabe zusammen?

Alternative: Rechengeschichte digital zeichnen.

Rechengeschichten - Memo

1.

2. Passen Bild und Aufgabe?

3. Habt ihr die Paare schnell gefunden?

Nach Nr. 2 folgt eine Zwischenreflexion.

Dreibildgeschichten plus 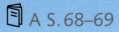 A S. 68–69

Passen Bild und Aufgabe?

 Zeigen die Geschichten Plusaufgaben? Hast du Tipps?

31

Plus rechnen

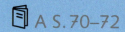

Bei welchen Legemöglichkeiten kannst du die Aufgabe und das Ergebnis schnell erkennen?

Die Tauschaufgabe

 A S. 73

?! Wann hilft dir die Tauschaufgabe?

Dreibildgeschichten minus

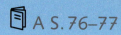 A S. 76–77

1.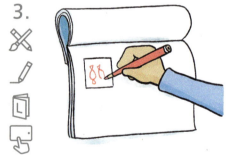

2.

3.

4.

Passen Bild und Aufgabe?

Zeigen die Geschichten Minusaufgaben? Hast du Tipps?

34

Minus rechnen

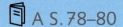

 Bei welchen Legemöglichkeiten kannst du das Ergebnis schnell erkennen? Woran liegt das?

Die Umkehraufgabe   A S. 81

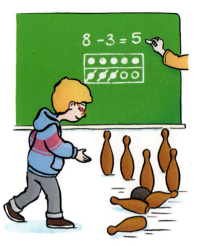 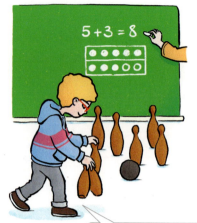 

 Was bedeutet *umkehren* in der Mathematik?

Die Zahlenmauer

A S. 84–85

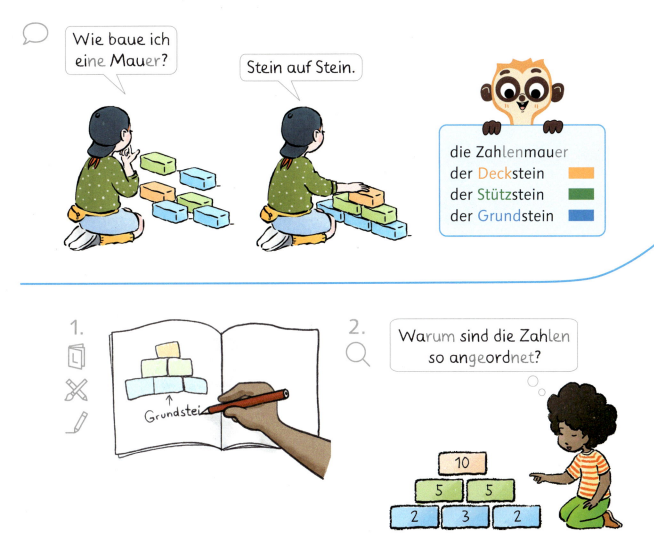

Wie ist die Zahlenmauer aufgebaut?

Nach Nr. 1 folgt eine Zwischenreflexion: Ausgefüllte Zahlenmauer analysieren.

37

Zahlenmauern reparieren

A S. 86

1.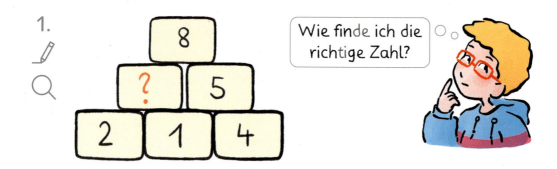

2.

Wie hast du die Zahlenmauer repariert?

38

Decksteine erforschen

A S. 87

1.

2. Wie finde ich alle Mauern?

3. Ich habe zuerst …

4.

Welche Zahlenmauern mit dem Deckstein 10 hast du gefunden? Hast du eine Strategie, um alle zu finden?

39

Grundsteine erforschen

Was fällt dir an den Mauern auf? Wie hast du sie sortiert?

Eigene Zahlenmauern bauen

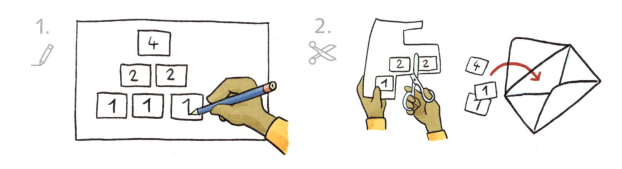

 Wie setzt du die Steine einer Mauer zusammen?
Welche Zahl ist immer die höchste/zweithöchste?

4. Partnerkontrolle

Formen kennenlernen

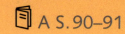

die Form
der Kreis
das Dreieck
das Quadrat
das Rechteck

1.

2.

3.

Wie sortiere ich?

4.

Das Quadrat

 Warum hast du die Formen so sortiert?

Formen untersuchen

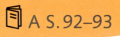 A S. 92–93

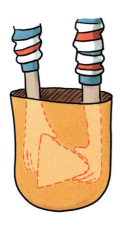

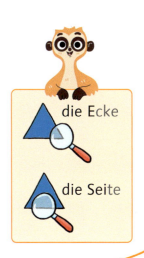

1.
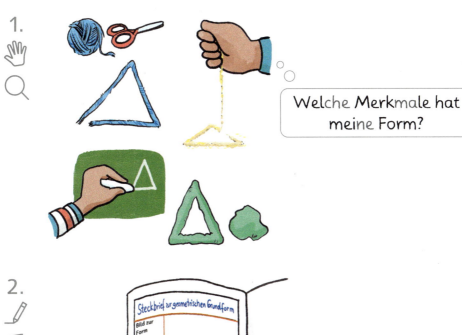

Welche Merkmale hat meine Form?

2.

Welche besonderen Merkmale hat jede Form?

Stationsarbeit: Formen mit verschiedenen Materialien herstellen.

43

Formen in der Umwelt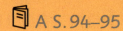

1.

2.

Welche Formen hast du gefunden? Welche besonders häufig? Warum?

Impuls für die Reflexion: Was wäre, wenn es eckige Räder gäbe?

Figuren legen und auslegen

 A S. 96–100

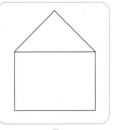

die Figur

1.  Legen.

2.  Nachlegen.

3.   Auslegen.

4.

 Welche Formen hast du für dein Haus genutzt?

Stationsarbeit: Legen, Nachlegen, Auslegen mit geometrischen Grundformen.

45

Die Zahlen bis 20

B S. 4–5

❓ Hast du die richtige Zahl zur Menge geschrieben?

Mengen auf einen Blick

 B S. 6–7

Kannst du die Menge auf einen Blick erkennen? Wie hast du klug gelegt?

47

Das Zwanzigerfeld

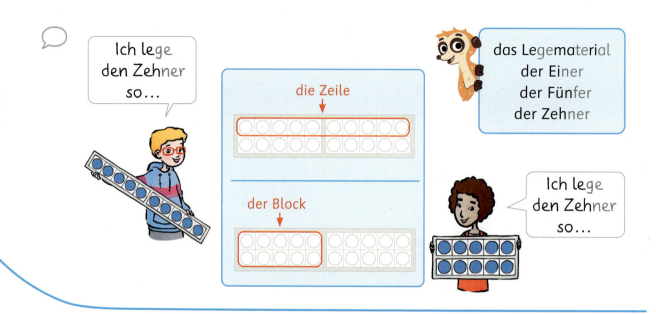

❓ Wie hilft das Zwanzigerfeld, Mengen auf einen Blick zu erkennen?

S.48–50: Es werden Karten für ein Kartenspiel hergestellt.

Zehner und Einer

 B S. 10

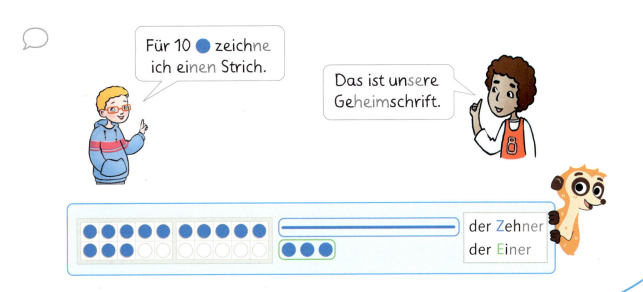

1. ✂

2. ✂✏

Wie hilft die Geheimschrift, Mengen auf einen Blick zu erkennen?

S.48–50: Es werden Karten für ein Kartenspiel hergestellt.

49

Die Stellenwerttafel

B S. 11

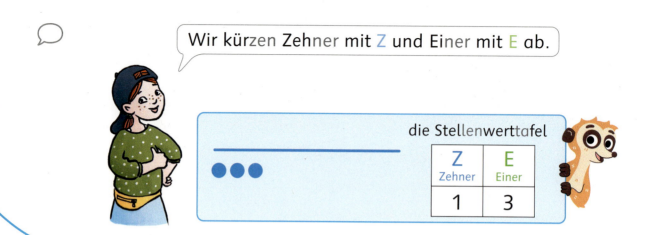

Zeigen Geheimschrift und Stellenwerttafel die gleiche Zahl?

S.48–50: Es werden Karten für ein Kartenspiel hergestellt.

50

Kleiner, größer, gleich

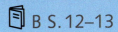 B S. 12–13

kleiner als   <
größer als   >
gleich   =

 Welche Zahlenkarte kommt weg? Warum?

Die größere Zahl gewinnt und wird aus dem Spiel genommen. Wer keine Karten mehr hat, gewinnt.

51

Die Zahlenreihe, Nachbarzahlen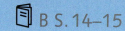

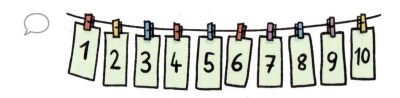

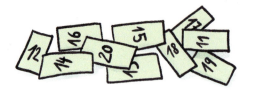

die Nachbarzahl
der Vorgänger
der Nachfolger

1.

2.

Welche Zahlen sind vertauscht?

Welche Zahl fehlt?

Welche Zahl ist der Nachfolger?

 Kannst du die Zahlen der Zahlenreihe sicher benennen?

Nr.2 zeigt unterschiedliche Spielideen mit Zahlenkarten.

Die Zwanzigertafel

B S. 16

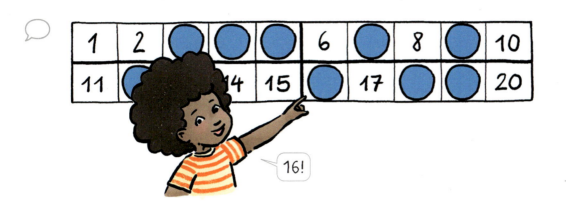

1.

2.

3.

Welche Zahl?

Wie findest du die verdeckten Zahlen? Hast du Tipps?

53

Steckbrief erstellen

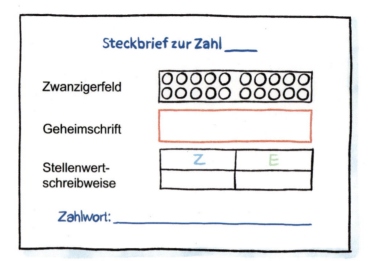

1.

2.

3. Passt der Steckbrief zur Zahl?

Welche Zahl ist es?

Reflexion: L sammelt Steckbriefe ein und präsentiert diese halb verdeckt. SuS erraten die Zahl.

Falten und schneiden (I)

 B S. 18

 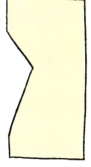 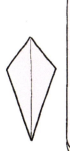 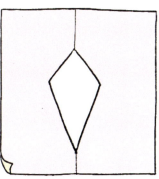

1. Falte.   2. Zeichne.   3. Schneide.   4. Ein Viereck entsteht.

1.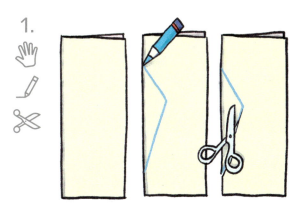

der Faltschnitt
— die Faltkante
— die Außenkante
falten

2.

 Warum sind die linke und rechte Seite der Figur gleich?

55

Falten und schneiden (II)

1.

   Wie entsteht ein Dreieck/Viereck?

2.

Wie entstehen ein Dreieck und ein Viereck?

 Nr. 2: SuS kleben ihre Dreiecke/Vierecke auf Gemeinschaftsplakate.

Die Spiegelachse

die Spiegelachse
spiegeln
das Spiegelbild

1.

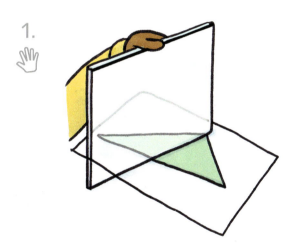

Prüfe die **Symmetrie** mit dem Spiegel: Halte den Spiegel an die Spiegelachse.
Sehen Bild und Spiegelbild gleich aus?
Dann ist die Figur **symmetrisch**.

2.

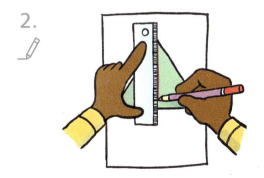

 Ist die Spiegelachse richtig eingezeichnet?

Das Spiegelbild

B S. 21

1.
2.
3.

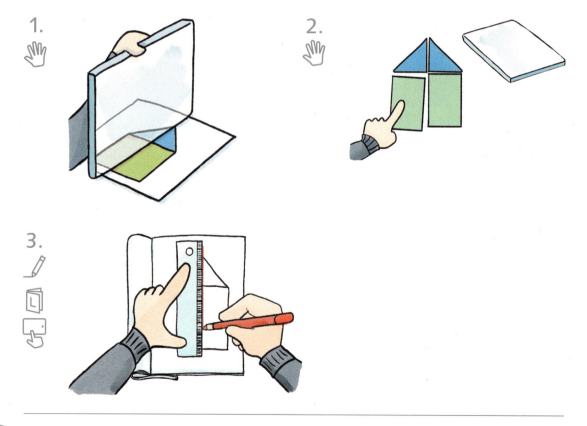

 Ist die Figur symmetrisch? Warum?

Plus rechnen bis 20

 B S. 22

der Rechenweg

Warum ist diese Aufgabe leicht für dich? Hast du Tipps?

Eine Liste mit leichten und schweren Aufgaben präsentieren.

59

Riesen und Zwerge

B S. 23

10 + 3

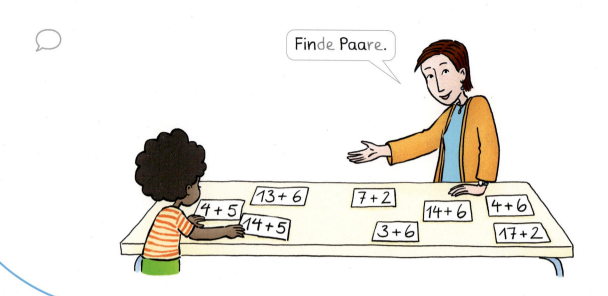

1.

2.

3.

Die Ergebnisse ...

 Bei welchen Aufgaben hilft dir dieser Rechenweg?

Aufgabenkarten aus der 1. Stunde der Reihe verwenden.

Verliebte Zahlen   B S. 24   10 + 3

Wie viele Paare gibt es? Kannst du alle auswendig?

Aufgaben mit 10

Wie viel sind 10 + 9 / 3 + 10? Wie rechnest du?

Verliebt in die 10 (I)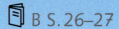

Wie hast du die Aufgabe gerechnet?

Nach Nr.1 folgt eine Zwischenreflexion: Wie rechnest du?

10 + 3 | # Verliebt in die 10 (II) |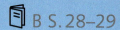

Mit diesen 3 Schritten kannst du Rechenwege üben.

 Ich lege und rechne selbst.

 Ich gucke und diktiere.

 Ich diktiere, ohne zu gucken.

1.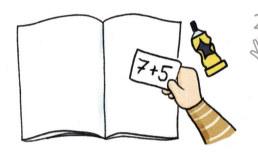

2.

Ich übe Schritt 1: Legen.

3.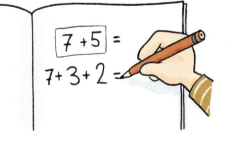

4.

 Bei welchen Aufgaben hilft dir dieser Rechenweg?

2. Sukzessives Lösen vom Material durch Einüben der drei Schritte. SuS wählen einen der drei Schritte aus der Checkliste.

64

Aufgaben mit 10 helfen +/−10   B S. 30–31   10+3

1.

2.

3.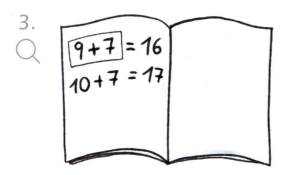

Die Ergebnisse …

Bei welchen Aufgaben hilft dir dieser Rechenweg?

Aufgaben aus der 1. Stunde der Reihe verwenden.

65

Verdoppeln

B S. 32–33

1.

2.

3. Welche Aufgaben kann ich schnell lösen?

Welche Aufgaben musst du noch üben?

Verdoppeln hilft •• 📖 B S. 34–35   10+3

1.

2.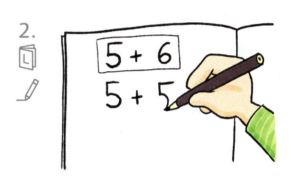

3.

Die Ergebnisse …

❓ Bei welchen Aufgaben hilft dir dieser Rechenweg?

Aufgaben aus der 1. Stunde der Reihe verwenden.

67

Alle Rechenwege B S. 36–37

1.

2.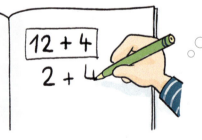

Welcher Rechenweg hilft?

 Welchen Rechenweg hast du genutzt? Warum?

Aufgaben aus der 1. Stunde der Reihe verwenden.

Die Plustafel

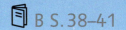 B S. 38–41

 Was entdeckt ihr?

die Spalte
die Zeile

1.

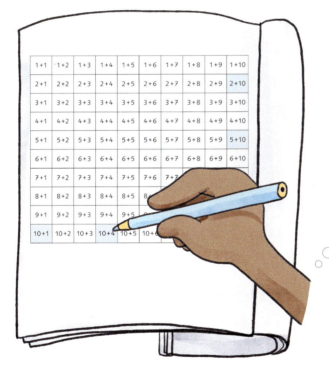

Ich male alle Aufgaben mit 10 blau an.

 Was hast du entdeckt? Was haben die anderen entdeckt?

69

Muster kennenlernen

Muster wiederholen sich nach einer Regel. Die Formen liegen lückenlos Seite an Seite.
Falsch:
Richtig:

1.

2.

Das schönste Muster klebe ich ein.

3.

Ist es ein Muster? Warum?

Nach Nr. 2 folgt eine Zwischenreflexion: Sind die Kriterien eines Musters erfüllt? Anschließend werden die Schritte wiederholt.

Bandornamente

das Bandornament: Das Muster kann in 2 Richtungen fortgesetzt werden. ↔

1.

2.

3.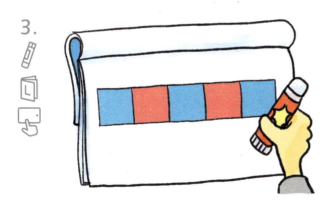

  Ist das ein Bandornament? Warum?

71

Parkettierungen

B S. 46

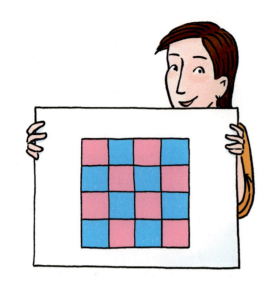

die Parkettierung:
Das Muster kann in alle Richtungen fortgesetzt werden.

1.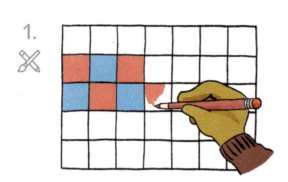

2.

3.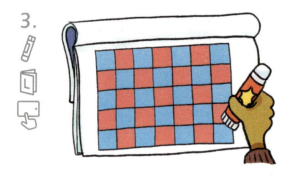

Ist das eine Parkettierung? Warum?

72

Eigene Muster

1.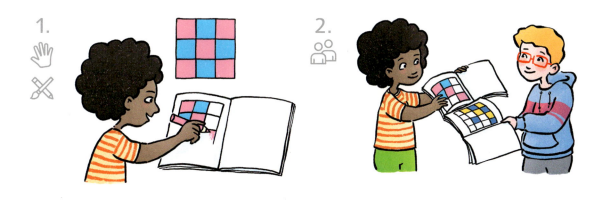

2.

3.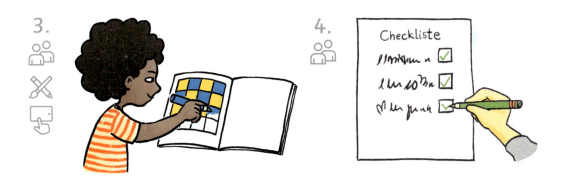

4.

Ist es ein Muster? Warum?

Minus rechnen bis 20

13−10 B S. 48

der Rechenweg

Warum leicht?
Warum schwer?

Warum ist diese Aufgabe leicht für dich? Hast du Tipps?

Eine Liste an leichten und schweren Aufgaben präsentieren.

Riesen und Zwerge 📖 B S. 49 | 13-10

1.

2.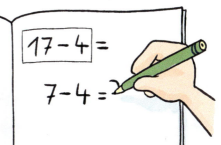

3. 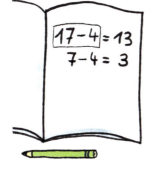 Die Ergebnisse …

 Bei welchen Aufgaben hilft dir dieser Rechenweg?

Aufgabenkarten aus der 1. Stunde der Reihe verwenden.

75

13-10 **Ver*liebt* in die 10 (I)** 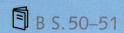 B S. 50–51

Ist es dir leicht-/schwergefallen? Hast du Tipps?

Nach Nr. 1 folgt eine Zwischenreflexion.

Verliebt in die 10 (II)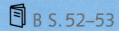

Mit diesen 3 Schritten kannst du Rechenwege üben.

1.

2.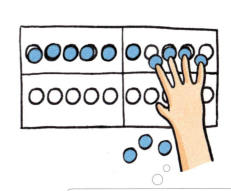

Ich übe Schritt 1: Legen.

3.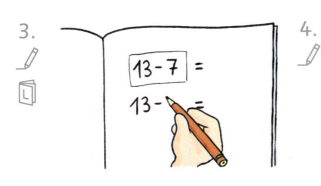

4.

 Bei welchen Aufgaben hilft dir dieser Rechenweg?

2. Sukzessives Lösen vom Material durch Einüben der drei Schritte. SuS wählen einen der drei Schritte aus der Checkliste.

77

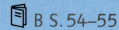

Aufgaben mit 10 helfen

1.

2.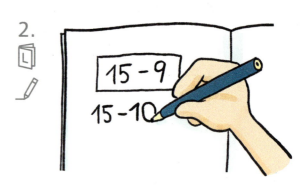

3.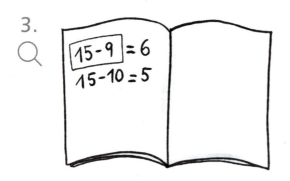

Die Ergebnisse …

Bei welchen Aufgaben hilft dir dieser Rechenweg?

Aufgaben aus der 1. Stunde der Reihe verwenden.

Halbieren

B S. 56–57

1.

2.

3.

Welche Mengen kann ich halbieren?

?! Welche Aufgaben musst du noch üben?

13–10 **Halbieren hilft**  B S. 58–59

1.

2.

3.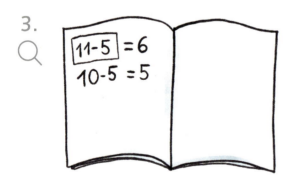

Die Ergebnisse …

Bei welchen Aufgaben hilft dir dieser Rechenweg?

Aufgaben aus der 1. Stunde der Reihe verwenden.

Alle Rechenwege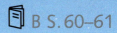

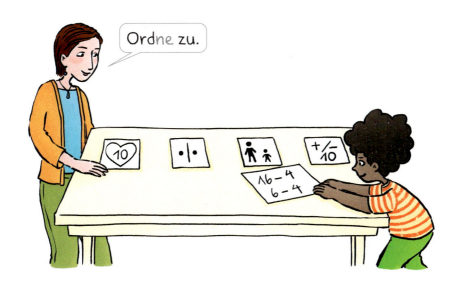

1.

2.

Welcher Rechenweg hilft?

Welchen Rechenweg hast du genutzt? Warum?

Aufgaben aus der 1. Stunde der Reihe verwenden.

Die Minustafel B S. 62–65

Was könnt ihr hier entdecken?

1.

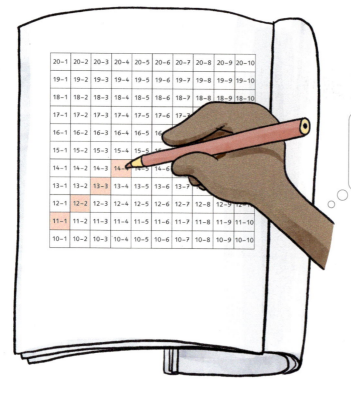

Ich male alle Aufgaben mit dem Ergebnis 10 rot an.

 Was hast du entdeckt? Was haben die anderen entdeckt?

Aufgabenfamilien

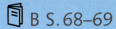

1.

2.

Habe ich alle Aufgaben gefunden?

Musst du bei jeder Aufgabe rechnen?

Unser Geld

1.
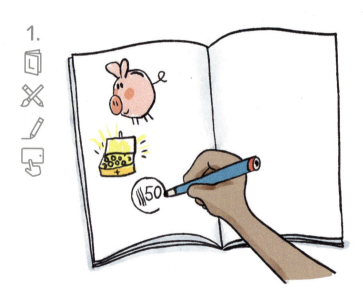

 Hast du etwas Neues entdeckt?

Münzen und Scheine

B S. 70–71

der Euro €
der Cent ct
der Schein
die Münze

Wie sieht Geld aus? Was kannst du dir davon kaufen?

Q: Hier wird danach gefragt, inwieweit sich das Geld in Aussehen und Wertigkeit unterscheidet.

85

Geldbeträge bestimmen

B S. 72–73

1.

2. Auf einen Blick – wie lege ich?

3. Es sind 12 €.

4.
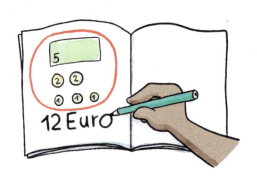

Welche Beträge kannst du gut erkennen? Warum?

86

Geldbeträge vergleichen

 B S. 74

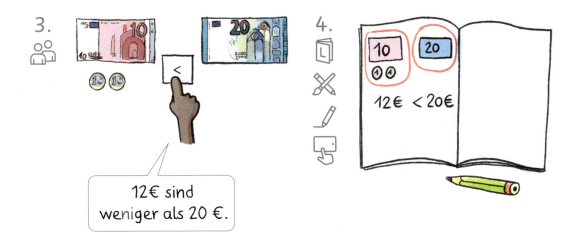

 Sind <, > und = richtig gesetzt?

87

Geldbeträge verschieden legen
B S. 75

Hast du alle Zerlegungen gefunden?

Einkaufen

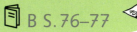 B S. 76–77

?! Was hast du gekauft? Wie hast du gerechnet?

Die Uhr

1.

Was hast du Neues entdeckt?

90

Ein ganzer Tag

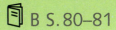 B S. 80–81

1.

2.

 Wie sieht dein Tag aus? Welche Uhrzeiten passen dazu?

91

Die Uhr lesen (I)

B S.82

Was hast du an der Lernuhr entdeckt?

Die Uhr lesen (II)   B S.83

 Stimmen die Uhrzeiten? Wurden die Zeiger richtig gemalt?

Nach Nr.2 folgt eine Zwischenreflexion: Es gibt immer zwei Bezeichnungen zu einer Uhrzeit.

Zeitspannen

Beginn  **Ende**

1.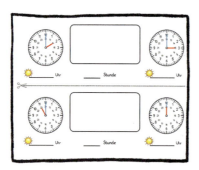

2.

Passen Aktivität und Zeitspanne zusammen?

3.

 Ist es dir leicht-/schwergefallen? Hast du Tipps?

Mathematik

Einstiegsbuch 1

Erarbeitet von:	Anna Harrich-Voßen, Gesa Hochscherff, Uwe Nienhaus, Anna Pöllinger
Begutachtet von:	Christian Grulich, Maria Kruse, Katja Simon
Redaktion:	Juliane Hasselbrink, Angela Lucke, Simone Micek
Illustration:	Friederike Ablang (Team Nase), Berlin, Antje Hagemann, Berlin, Josephine Wolff (Eddi), Berlin
Umschlaggestaltung:	Corinna Babylon, Berlin, Jule Kienecker, Berlin
Layoutkonzept:	Heike Börner, Berlin
Technische Umsetzung:	Straive, Chennai

„Nase vorn!" Klasse 1
Begleitmaterialien für Schülerinnen und Schüler

Arbeitsheft	978-3-06-084939-0
Lernen-App	978-3-06-084941-3
Sicher in die 1. Klasse	978-3-06-084113-4
Ziffernschreibkurs	978-3-06-084116-5
Rechnen bis 10	978-3-06-084114-1
Rechnen bis 20	978-3-06-084115-8

www.cornelsen.de

1. Auflage, 1. Druck 2023

Alle Drucke dieser Auflage sind inhaltlich unverändert und können im Unterricht nebeneinander verwendet werden.

© 2023 Cornelsen Verlag GmbH, Berlin

Das Werk und seine Teile sind urheberrechtlich geschützt. Jede Nutzung in anderen als den gesetzlich zugelassenen Fällen bedarf der vorherigen schriftlichen Einwilligung des Verlages. Hinweis zu §§ 60a, 60b UrhG: Weder das Werk noch seine Teile dürfen ohne eine solche Einwilligung an Schulen oder in Unterrichts- und Lehrmedien (§ 60b Abs. 3 UrhG) vervielfältigt, insbesondere kopiert oder eingescannt, verbreitet oder in ein Netzwerk eingestellt oder sonst öffentlich zugänglich gemacht oder wiedergegeben werden. Dies gilt auch für Intranets von Schulen.

Druck: Mohn Media Mohndruck, Gütersloh

ISBN 978-3-06084943-7

PEFC zertifiziert
Dieses Produkt stammt aus nachhaltig bewirtschafteten Wäldern und kontrollierten Quellen.
www.pefc.de

Die Köpfe hinter *Nase vorn!*

Anna Pöllinger (36),
Grundschullehrerin und für den Fachbereich Sport und Mathematik verantwortlich

Nach meinem Jahrespraktikum als Objektdesignerin bei der „Sendung mit der Maus" war mir klar: Ich möchte kreativ arbeiten. Welcher Ort ist besser geeignet als die Schule?!

Ich habe mir schon immer ein Schulbuch gewünscht, das viele ergiebige Aufgaben enthält, sodass alle Kinder trotz ihres unterschiedlichen Niveaus daran arbeiten und darüber gemeinsam ins Gespräch kommen können.

Mir gefällt es, als Grundschullehrerin zu arbeiten, weil ich unmittelbar Rückmeldung über die Qualität meiner Arbeit erhalte. Es ist toll, das Strahlen der SuS zu sehen, wenn sie erkennen, welchen enormen Lernzuwachs sie erreicht haben!

Uwe Nienhaus (40),
Klassenlehrer in 1/2

Ich wollte ein eigenes Schulbuch schreiben, weil ich an dem ganzen Prozess interessiert bin: Wie entwickelt sich aus einem Konzept das fertige Produkt?

Ich würde das Mathebuch gerne meinen Eltern und meiner Oma schenken, auch wenn sie nicht zur Zielgruppe gehören.

Guter Unterricht vergisst nie, dass Mathematik ein Werkzeug des Menschen ist, um die Lebensumwelt zu beschreiben und greifbar zu machen. Guter Mathematikunterricht ist mehr als Zahlen und Zeichen!